(Par Louis Silvy.)

M. S**, ANCIEN MAGISTRAT,

À L'AUTEUR DE L'ÉCRIT INTITULÉ :

*LE PASSÉ ET L'AVENIR EXPLIQUÉS PAR DES ÉVÉ-
NEMENS EXTRAORDINAIRES ARRIVÉS A THOMAS
MARTIN, LABOUREUR DE LA BEAUCE.*

MONSIEUR,

La lecture que je viens de faire de votre écrit intitulé : *le
Passé et l'Avenir*, etc., m'a fourni la matière de quelques réflexions
que je crois devoir vous adresser ; attendu que j'ai moi-même
publié, au mois de mars 1817, la relation des évènemens qui
sont arrivés à Thomas Martin, en 1816, et que cette relation
vous a servi de guide, au point que vous vous l'êtes appropriée,
la trouvant plus complète et plus répandue que les autres qu'on
a imprimées sur le même sujet. Mais avant que je me permette
des observations qui pourront bien vous contrarier, il est juste,
Monsieur, que je reconnoisse l'obligation que je vous ai de m'a-
voir ouvert les yeux sur une faute qui fait tache à la fin des
nouvelles éditions que j'ai données de ces évènemens, en novembre 1830 et janvier 1831. Je veux parler ici d'un récit tiré
des *Mémoires d'une Femme de qualité*, que j'ai ajouté fort
mal à propos à ma narration, sans néanmoins prétendre ga-
rantir la vérité de ces mémoires, que je regardois seulement
comme une pièce de renseignement. J'avoue qu'il ne convenoit
nullement de citer et de faire connoître un pareil roman à la
suite d'un récit aussi grave qu'est celui des évènemens arrivés
à Thomas Martin. Vous l'avez fort bien remarqué, Monsieur,
et je ne puis trop exprimer le regret que j'ai de m'être laissé aller à une telle inconvenance, puisqu'il est certain que la vérité

1

n'a pas besoin, pour se faire goûter, du vain appui d'un écrit mensonger, *veritas mendacio non indiget* (S. Aug.). Puissé-je rendre aussi publique que l'a été ma relation sur Thomas Martin, la peine que je ressens de cette imprudente et plus qu'inutile addition !

Après cet aveu qu'exigeoient de moi la vérité et la sincérité, je ne puis mieux faire, Monsieur, que de m'attacher d'abord au point capital de votre écrit, sans m'arrêter à quelques légères omissions, quelques circonstances accessoires, dans lesquelles on pourroit relever de votre côté autant que du mien tant soit peu d'inexactitude, mais qui ne touchent nullement à ce qui fait le fond de notre sujet. Votre système, Monsieur, permettez-moi ce terme, est bien évidemment que le secret qui fut confié à Thomas Martin par l'ange qui le dirigeoit, et dans le moment même de son entretien avec Louis XVIII, porte sur l'existence et les droits du duc de Normandie, qui devroit être aujourd'hui Louis XVII, et que vous remettez sur la scène du monde après 37 ans de disparition. C'est à quoi tend visiblement votre récit d'un bout à l'autre, comme il est facile de le reconnoître, si l'on réfléchit sur l'ensemble des circonstances et des notes que vous ajoutez à ma narration, dont vous vous êtes d'ailleurs emparé sans scrupule, pour en grossir de plus de 50 pages votre nouvel écrit. Vous faites même entendre, à n'en pas douter, quel étoit ce secret révélé par Thomas Martin, lorsque vous rapportez (page 169) que Louis XVIII, lui ayant demandé ce qu'il avoit à lui dire de secret, Martin s'expliqua de la sorte : *Le secret que j'ai à vous dire, est que vous occupez une place qui...* C'est-à-dire une place qui ne vous appartient pas, comme toute la suite de votre narration le manifeste. De plus, lorsque Louis XVIII demande ensuite à Martin, si on lui dit *comment il falloit gouverner la France*, le paysan, selon vous, lui répond : *Descendez, et laissez le soin de..... à qui.....* Ce qui veut dire clairement que Louis XVIII devoit laisser à son neveu le soin de gouverner la France. Enfin vous terminez par une dissertation où vous n'oubliez rien pour persuader au public que le décès de Louis XVII n'est point encore démontré.

Au contraire, Monsieur, je soutiens qu'on ne peut et qu'on ne doit pas vous croire sur ce point capital; autrement Martin passeroit pour un homme qui a sciemment trahi la vérité, qui a dit le oui et le non ; ce qui n'est propre qu'à beaucoup affoiblir la foi qu'un grand nombre de personnes ont ajoutée à ses premières révélations. Eh ! n'est-il pas plus naturel de ne voir en Thomas Martin qu'un homme des champs, qui, n'étant plus sous la motion et la direction d'un agent supérieur à la nature humaine, lequel l'a gouverné uniquement pour qu'il accomplît la mission qu'il lui confioit, a été depuis entièrement laissé à son propre esprit, et dès lors est devenu susceptible, de toutes les impressions que lui ont fait prendre sans peine ceux qui sont parvenus à s'emparer de sa confiance, pour tirer de lui des déclarations favorables à leurs idées, ou même à leurs propres intérêts ? C'est ce qu'on doit conclure des contradictions que présente la fin du récit que vous faites, Monsieur, de l'entretien de Martin avec Louis XVIII, lorsque, sur le même sujet, l'on compare votre texte au mien, que vous avez mis en regard depuis la page 65 jusqu'à la page 80 de votre écrit. Ce qui de mon côté justifie pleinement cette partie de ma narration où est rapporté le même entretien, suivant ma première édition de 1817, c'est que d'un bout à l'autre elle n'est que la copie littérale de la relation que Martin lui-même en a remise à M. le Préfet d'Eure-et-Loir, qui lui en a fait délivrer une expédition certifiée *pour copie conforme*, et signée *le comte de Breteuil.* Auparavant, la même relation est revêtue de la signature de M. Laperruque, curé de Gallardon, lequel atteste tous les faits qu'elle contient, *d'après les déclarations que Martin lui en a faites,* et de suite on lit le certificat de Martin lui-même, daté comme celui de M. Laperruque, du 13 mai 1816. Martin s'y exprime en ces termes : « J'ai lu at-
« tentivement avec M. le curé, qui m'a aidé, toutes les pages de
« cet écrit, et j'ai reconnu que tout étoit bien véritable, comme
« je l'ai vu et entendu, et éprouvé toutes les fois; il y a même
« moins que plus. Signé Thomas Martin.»

Vous voyez, Monsieur, par le texte de ce certificat que vous reconnoissez vous-même pour *authentique* (page 80 de votre écrit), que Martin ne retranche rien à cette partie de ma relation que j'ai copiée mot pour mot sur celle qu'il a remise à Chartres. Il n'affoiblit aucun des faits qu'elle contient, il ne change aucune de leurs circonstances, il n'y modifie ni n'explique aucune des expressions revues par son curé qui l'a dirigé, ce qui est ici le point décisif, et néanmoins vous me traitez (page 75, note) comme un homme *qui bat la campagne*, comme un *commentateur* qui ne fait que du *remplissage* par rapport au secret et au fond de l'affaire qu'il ignore. Que n'appliquez-vous donc vos imputations méprisantes à Th. Martin dont je ne suis ici que le copiste, car est-ce à moi que vous devez vous en prendre si sa première relation déposée par lui-même à la préfecture de Chartres est en pleine contradiction avec le prétendu secret jusqu'alors inconnu, qu'il assure aujourd'hui, d'après de perfides suggestions, avoir révélé au roi Louis XVIII ? Or on lit dans cette relation qu'il a faite de son entretien avec Louis XVIII que Dieu n'a pas voulu perdre ce *roi*, qu'*il l'a rappelé dans ses États, au moment où il s'y attendoit le moins*, enfin que ce *roi LÉGITIME est rentré dans sa LÉGITIME possession* (page 56 de l'édition de 1817). On lit aussi dans la même relation que ce *roi LÉGITIME a été obligé d'abandonner sa CAPITALE*, avant de rentrer encore dans SES ÉTATS (en 1815). Je vous le demande, Monsieur, et ne me répondez point par des subterfuges et des distinctions dignes de l'école d'Escobar, n'y auroit-il pas là autant de fausses suppositions, si Louis XVIII n'avoit pas droit de monter sur le trône par une succession *légitime*, ou plutôt n'y a-t-il pas ici de votre part un peu plus que de l'*ignorance*, et peut-on s'empêcher de dire que c'est bien vous qui *battez la campagne*, quand vous substituez le prétendu secret de l'existence et des droits de Louis XVII à l'objet *principal* de la mission de Martin ? Car, suivant la relation qu'il a signée et déposée à Chartres, n'a-t-il pas rappelé à Louis XVIII, avant de le quitter, que le *princi-*

pal objet de sa mission portoit sur la nécessité d'observer ce qui a été dit, dès la première apparition, sur la sanctification des dimanches et fêtes, sur la répression des désordres, etc. Et ainsi, Monsieur, voulant commenter, et détourner à votre sens des paroles plus claires que le jour, vous mettez ce pauvre Martin en contradiction avec lui-même.

D'ailleurs, supposé même la vérité de l'existence de Louis XVII, conte absurde s'il en fut jamais, ce jeune prince ne devoit-il pas se montrer et se présenter en 1814, époque où les puissances réunies dans Paris s'occupoient de donner ou de faire nommer un roi pour la France? Or, dans une occasion si décisive pour le maintien de ses droits, Louis XVII n'a donné ni de près ni de loin le moindre signe qui ait pu faire croire à son existence. En 1815, quand les mêmes puissances sont entrées de nouveau dans notre capitale, il n'est venu dans l'esprit de personne de s'occuper d'un prince qui, loin d'élever une réclamation, ne se montroit pas plus qu'il n'avoit fait en 1814. Donc la mort de Louis XVII n'est que trop certaine, donc son existence n'a pu être l'objet du secret que Martin a révélé à Louis XVIII (1); et c'est ici une fin de non-recevoir qui ne souffre point de réplique. Si néanmoins l'on s'obstine à prétendre que l'objet *direct*, le but *principal* de la mission de Martin est de faire reconnoître les droits d'un prince invisible à nos yeux, disons vrai, d'un être chimérique, bon tout au plus à faire un héros de roman après trente-sept ans de disparition, il en doit résulter une conséquence bien peu honorable pour celui qui nous auroit tous induits en erreur, quand il a, au contraire de votre assertion, Monsieur, écrit et signé dans un acte authentique qu'il avoit répété au roi, comme étant l'objet *principal* de

(1) C'est ce qui a été démontré, par divers écrits, dans ces derniers temps, notamment par les *Preuves authentiques* qu'a données M. de Saint-Gervais de la mort du jeune Louis XVII. Paris, chez Hivert, 1831. Et en dernier lieu par *Un dernier mot sur Louis XVII*, et observations en ce qui concerne ce prince sur un ouvrage intitulé : *Le Passé et l'Avenir*, par M. Eckard. Paris, Ducollet, 1832.

sa commission, ce qui lui avoit été dit au sujet des dimanches et fêtes, des désordres, etc. Mais quoi! Th. Martin ne s'est-il pas à cet effet adressé à Louis XVIII, comme au roi *légitime*, le seul capable de faire exécuter dans son royaume les ordres de l'envoyé du ciel dont il étoit porteur? En eût-il agi de la sorte si le but *principal*, le but *direct* de sa mission eût été de faire rendre à Louis XVII la couronne dont il devoit être, supposé qu'il vécût encore, l'héritier légitime au lieu de Louis XVIII?

Maintenant que l'on examine, en la rapprochant de l'acte authentique déposé à Chartres, la partie précédente de ma relation que vous-même, Monsieur l'anonyme, avez copiée sans en contredire un seul point digne d'attention, et l'on verra bien que tout s'y rapporte essentiellement, comme au but *direct* et *principal*, à trois grands devoirs capitaux imposés au roi Louis XVIII, savoir : 1° *de relever le jour du Seigneur, afin qu'on le sanctifie;* 2° *de faire ordonner des prières publiques pour la conversion du peuple qu'il doit exciter à la pénitence;* en troisième lieu *d'abolir les désordres qui se commettent dans les jours qui précèdent la sainte quarantaine.* Dès la première apparition de l'envoyé céleste, ce véritable sujet de la mission de Th. Martin lui est développé tout entier, sans que rien puisse faire soupçonner qu'il s'agit d'un prince inconnu ayant droit à régner en la place de Louis XVIII ; c'est à ce roi, et non à Louis XVII, qu'il est enjoint de s'acquitter des trois devoirs essentiels que l'on vient d'exposer. Si donc Louis XVIII en personne en est chargé directement, comment Martin a-t-il pu l'engager à descendre du trône, et à *rendre* à son neveu la place qu'il occupoit, puisque dans ce cas il devenoit impossible à Louis XVIII d'accomplir ce qu'on venoit de lui prescrire?

Dans les apparitions suivantes l'ange conducteur de Martin insiste fortement sur les crimes de la France qui est vraiment, comme il s'en plaint, *dans un état de délire,* et *plongée dans l'irréligion, l'orgueil, l'incrédulité, l'impiété,* et enfin *livrée à toutes sortes de vices* (Relation, pages 9 et 40, édition de 1817), au point que si l'on ne fait pas ce qu'a ordonné l'ange du Seigneur ; *la majeure partie du peuple périra , et la France sera livrée en proie, et en opprobre à toutes les nations* (ibid. , page 9). Ce n'est qu'à la fin du mois de février 1816 , que l'ange prévient Martin, d'un secret qu'il ne lui révèle pas encore , et dont la connaissance ne doit lui être donnée que lorsqu'il sera devant le roi.

Dans l'apparition du 2 mars 1816 , le même ange prédit la destruction de la France ; si l'on veut résister à ce qu'il a dit dès le commencement , ce qui ne regarde en rien Louis XVII. Il ajoute qu'il arrivera *le plus terrible des fléaux , qui rendra la France en horreur à toutes les nations* (ibid. , pages 10 et 11). *J'ai reçu*, dit encore l'envoyé céleste dans une autre apparition ; *le pouvoir de frapper la France de toutes sortes de plaies* (ibid., page 22). Je m'arrête ici à la vue d'un premier fléau qui pèse sur notre France en ce moment, parce qu'il est bien propre à nous faire craindre que les autres prédictions ne s'accomplissent successivement. Quel seroit donc le malheur de la France , si *d'un fléau* déja si douloureux elle en venoit à *tomber dans un autre*, comme l'ange du Seigneur nous en a menacés. Et c'est ce qui pourroit arriver, supposé ce qu'à Dieu ne plaise, que la France persistant dans le mépris des avis célestes, on vît succéder à l'épidémie qui porte le deuil chez tant de familles, une guerre avec les puissances aspirant à nous partager, après avoir, pour leur premier essai, resserré nos limites (1) ; ou , ce qui est un fléau bien plus terrible, si, déchirée par ses propres enfans, la France éprouvoit les horreurs, les atrocités d'une guerre civile. Mais achevons cette série d'annonces trop malheureusement concordantes, que l'ange nous a faites par la bouche de Th. Martin.

_____

(1) Il semble que le journal dit *Le Constitutionnel*, que nous citons d'après la *Gazette de France* du 26 avril 1832 , veuille nous faire prévoir lui-même ce malheureux avenir, lorsqu'il met en avant des bruits de guerre et d'une coalition contre la France , dont le but seroit de la resserrer dans les limites anciennes de la monarchie sous Louis XIII.

Dans l'apparition du 26 mars 1816, l'envoyé du Très-Haut insiste plus que jamais sur la nécessité de la pénitence pour le peuple français, afin que ce qui a été prédit soit arrêté. « Sans « cela, le plus terrible fléau est prêt à tomber sur la France; il « est à la porte, dit-il, si l'on ne pratique pas ce que j'ordonne, « si l'on ne veut rien faire de ce que j'annonce. » (Relation, pag. 39 et 40.)

Après tant de leçons qui se suivent et s'accordent si bien pour guider notre villageois; après tant d'avertissemens de l'envoyé céleste, qui nous sont donnés coup sur coup, pour nous rappeler à la pénitence, ce grand remède à tous nos maux, ce premier besoin de notre nation, êtes-vous bien avisé, Monsieur, de distraire notre attention d'un point si capital, pour la porter comme de préférence sur la chimère du roi Louis XVII? Et n'aurait-on pas lieu de soupçonner dans ce que vous dites du but *principal* et du but *direct* de la Mission de Martin, les vues tout humaines d'une politique bien opposée à la voie qu'il faut prendre pour apaiser la justice divine, en nous conformant aux ordres positifs et aux injonctions de l'ange du Seigneur? Que l'on relise la conclusion qui termine l'entretien de Martin avec Louis XVIII, suivant la relation signée de lui et de son ancien curé, le 15 mai 1816; qu'on la compare au prétendu secret que l'on fait aujourd'hui révéler par Th. Martin, est-il un chrétien un peu judicieux qui ne sente combien a de poids ce que le villageois recommande de nouveau en faisant au roi ses adieux? Est-il rien qui s'accorde mieux avec toutes les apparitions qui lui sont arrivées? Mais, monsieur l'anonyme, le même chrétien pourra-t-il voir dans votre pitoyable système autre chose qu'un contre-sens illusoire et insoutenable par rapport aux mêmes apparitions?

De plus, n'est-il pas évident, et par le texte même des révélations que vous avez copiées littéralement sur mes propres éditions, sans les démentir, que si la France doit devenir en *proie et en opprobre à toutes les nations*, au cas qu'elle refuse de se convertir; si alors elle doit *tomber d'un fléau dans un autre*, si la majeure partie du peuple y doit périr, si enfin la destruction de la France est inévitable, supposé que le peuple ne se prépare pas plus à la pénitence qu'il n'a fait jusqu'à ce jour, n'est-il pas, dis-je, bien évident que Louis XVII ne sauroit être destiné à nous apporter la paix et le bonheur, comme vous tâchez, Monsieur, de nous le faire entendre? Car dans ce cas si malheureux de l'impénitence du peuple françois, n'y ayant plus que la force des armes que l'on put employer au soutien de la prétention qu'on auroit de tout rétablir, que de flots de sang il faudroit verser! quelle division! quelle guerre cruelle au sein de la France même! quels partis la déchireroient dans tous les sens et de tous les côtés, suivant les diverses opinions! Or, vous-même, Monsieur, contribuez à nous faire craindre que cette impénitence qui peut attirer sur la France les derniers malheurs, ne subsiste trop réellement, quand vous détournez notre attention du point capital, où elle devroit se porter toute entière, quand vous dites que l'*un des principaux buts*, et même *le vrai but* de la mission de Martin, est la manifestation de la vérité, comme on lit page X de votre Avant-propos, et pag. 69 et 79, notes; c'est-à-dire, dans votre sens, la manifestation de Louis XVII. Ce ne peut être, selon vous, la pénitence du peuple qui soit ce but *direct* et *principal* de la mission de Martin, puisqu'à ce sujet, voulant nous prouver qu'il ne s'agit pas là seulement de la réformation des mœurs, vous avancez encore dans votre Avant-propos, page XI, les paroles suivantes, si mal appliquées : « Ne pourroit-on pas dire, comme il fut dit au mauvais riche, *ils ont Moïse et les prophètes.* » D'où il résulte que vous ne croyez pas que la mission de Martin fût si importante et si nécessaire pour nous exciter à la pénitence; d'où il suit encore que ce n'étoit pas là son but principal en définitive, ce qui affoiblit et rend presque nul un nouvel appel que Dieu nous faisoit pour faire rentrer en eux-mêmes les prévaricateurs. *Redite prevaricatores ad cor.* Oh ! Monsieur, combien de telles conséquences, résultant de votre système, nous écartent du vrai but de la mission de notre villageois ! Pauvre Martin, qui deviez être tranquille, votre commission faite, comme il vous avoit été dit (Relation, édit. de 1817, page 60), que ne vous en teniez-vous là, et pourquoi, sans vous en douter, avez-vous suivi l'exemple funeste de la Pucelle d'Orléans, à qui il en coûta si cher pour avoir trop complaisamment outrepassé sa mission (1)? faut-il à présent qu'on vous fasse de même servir à des vues de politique humaine? La pénitence, Martin, la pénitence, voilà tout l'objet de votre commission; car ce mot dit tout en nous rappelant à l'observation de la loi divine que nous avons si indignement violée, et dont on a mis, comme par dérision, les tables en parallèle avec cette impudente déclaration des droits de l'homme, qui n'est aux yeux de la vérité qu'un monument d'orgueil et de folie, pour tout dire, un principe funeste d'insurrections, de troubles et de révolutions.

Pour en revenir à notre sujet; ce qui démontre encore plus clairement les contradictions dans lesquelles on a fait tomber ce pauvre villageois, ce sont les prédictions renfermées dans le *Supplément et rapport exact de la voix à Martin*, tel qu'il l'a fait à M. le curé de S. Symphorien d'Eclimont, pour répondre à l'invitation de madame de Montmorency. Dans ce rapport, on lit ces mots faits pour réveiller de leur assoupissement les cœurs des Français endurcis : « Si on ne fait pas ce qui est annoncé, l'arbre avec ses branches sera détruit. » (Voilà pour ce qui regarde nos princes exilés, dont toute la puissance est anéantie.) Quant à ce qui touche la nation entière, dans le même cas, « les puissances viendront ravager et détruire la France; il se fera une guerre cruelle entre les rois eux-mêmes, pour diviser et faire le démembrement de la France, et le calme étant revenu, le reste de la nation sera esclave et dépendant d'une nation étrangère. »

_____

(1) La mission de cette généreuse fille se bornait à faire lever aux Anglais le siège d'Orléans, et à faire sacrer à Reims le roi Charles VII. Après avoir complètement rempli cette mission, elle céda aux instances qui lui furent faites pour continuer à battre les ennemis, et malheureusement elle fut prise par les Anglais, qui la firent brûler impitoyablement.

Quoique ces paroles de la voix à Martin loin d'infirmer ou d'affoiblir ses premières révélations, les confirment d'une manière terrible, il faut convenir qu'elles ne sont point appuyées des mêmes preuves, des mêmes circonstances et des mêmes motifs de crédibilité que les apparitions de 1816. Cependant leur accord avec ce qui en fait le sujet principal, c'est-à-dire avec l'obligation qu'on nous annonçoit de faire pénitence, peut mériter une sérieuse attention. Quant à vous, Monsieur l'anonyme, vous ne nierez pas que *le rapport de la voix à Martin* ait été fait par lui à M. le curé d'Éclimont. Il fait partie de ses lettres écrites à M. le curé Laperruque dans les premiers mois de 1821. Moi-même j'ai lu ce rapport chez M. l'abbé Dulondel, sur une copie que M. Laperruque lui avait adressée, et qu'il voulut bien me communiquer. A l'appui venoit une lettre de Martin à son ancien curé, en date du 22 mars 1821, dont voici la teneur : « Monsieur, vous ne devez pas avoir trouvé mauvais « que je ne vous aie pas envoyé ce que j'ai dit de vive voix à « M. le curé de St.-Symphorien, d'après la lettre de madame « de Montmorency, cela m'a été dit le 21 février. » Le surplus de cette lettre, qui est étranger au système que je réfute ici, est imprimé dans mon édition de 1831, page 132.

Vous avez omis, M. l'anonyme, ce rapport de la voix à Martin, ainsi que la lettre qui le confirme; vous en avez aussi omis une autre de Martin à son ancien curé, qui marque combien il importoit que le roi Louis XVIII fût averti des conspirations qu'on tramoit contre lui et les princes de sa famille, tout cela sans qu'il soit question de l'existence de Louis XVII. Vous avez caché toutes ces pièces, Monsieur, sous le prétexte simulé « qu'elles ne vous paraissent pas dignes du même intérêt que « les autres, ni appuyées sur une autorité suffisante, dans ce « qui concerne les révélations faites à Martin. » Mais n'est-ce pas plutôt l'intérêt de votre système qui vous les a fait passer sous silence, puisque c'est le même Martin qui les a écrites et adressées à M. Laperruque, comme il lui avoit écrit dans les deux mois précédens d'autres lettres que vous n'avez pas craint

de publier ? Je défie qui que ce soit de répondre aux terribles ar-
gumens que nous présentent contre votre système tout l'ensemble de ces pièces, que vous écartez par une note sur laquelle je
ne dirai point que vous *battez la campagne*, mais que vous
manquez de sincérité ; car le rapport de la voix à Martin, et la
lettre par laquelle il le confirme à M. Laperruque, suffisent seuls
pour abattre tout l'échafaudage que vous avez bâti, afin de sou-
tenir une pure chimère. Si, en effet, les puissances de l'Europe
viennent pour détruire la nation, supposé, ce qui doit nous pé-
nétrer de douleur, qu'on ne se rende pas aux avis du saint ange ;
si nous devons être misérablement le théâtre de tous ces gens là ;
si, après des guerres sanglantes, le reste de notre malheureux
peuple doit devenir esclave sous une puissance étrangère, que
devient, M. l'anonyme, le règne à venir de Louis XVII ? que
deviennent ces espérances de paix et de bonheur qu'il doit enfin nous apporter ? Voilà donc encore ce pauvre Martin bien en
contradiction avec lui-même, s'il faut admettre l'interprétation
que vous ou les vôtres, Monsieur, lui faites donner aux mots
qui terminent sa première relation de son entretien avec
Louis XVIII. Ces mots portent qu'*il y a même moins que plus*..,
et vous voulez nous faire entendre que ce PLUS regarde l'existence de Louis XVII non reconnu par son oncle Louis XVIII ;
que c'est là le grand secret que Thomas Martin a révélé à celui-
ci, et le *principal* objet de sa mission. Qui se seroit douté que
ces mots seuls : *Il y a moins que plus*, renfermoient un secret
de cette importance ? Qui auroit cru qu'il falloit le cacher durant longues années à nous autres profanes, à des amis, à des
ecclésiastiques, et même, dès le principe, au curé de Thomas
Martin ; qu'ensuite on pourroit, au temps favorable, le révéler
à Charles X, qui toutefois ne paroît pas en avoir fait le moindre
cas ? Tel a été le succès de ces mots : *il y a moins que plus*,
qu'on avoit lus jusqu'à présent sans y soupçonner de mystère.
Pour donner plus de couleur à l'explication que vous en publiez, on
a fait signer à Thomas Martin, en tête de l'édition que vous ve-
nez, Monsieur, de mettre au jour, un certificat par lequel il

déclare qu'*elle est la seule exacte*, *surtout par rapport au se-cret dit à Louis XVIII*, qui est indiqué dans cette *Rela-tion* (1); ce qui veut dire qu'il l'est dans votre sens, que je viens de réfuter. Mais n'est-ce pas là avoir entraîné ce bon villageois dans le piège qu'on lui a tendu en abusant de sa simplicité, et du cré-dit que lui avoient donné ses premières révélations répandues bien avant votre édition trompeuse, Monsieur, dans la plupart des États de l'Europe, comme vous nous l'apprenez vous-même par votre avant-propos (page IV)?

Puisque de pareilles menées obligent d'insister plus que jamais sur l'objet *principal*, le véritable objet de la mission de Martin auprès de Louis XVIII, je demande quel chrétien ne sent point que le grand intérêt de notre nation, intérêt bien supérieur à l'existence de Louis XVII, est de rentrer en grace avec son Dieu, et de prévenir ses justes châtimens par une sincère pénitence. Tout autre intérêt est subordonné à cette importante et si né-cessaire réconciliation. Tant que Martin nous l'a présentée comme *le principal*, il a eu des droits à notre confiance, en même temps qu'alors il offroit des titres pour la mériter, par toutes les épreuves et les circonstances qui accompagnoient sa mission. Mais comment, sur sa seule parole, ou sur des si-gnes fort équivoques, ou d'après des témoins que l'on n'ose produire, croire à ses nouvelles visions, lorsqu'elles se trouvent directement contraires à ses premières révélations? Quel homme un peu sensé et religieux ne voit pas avec une sensible douleur que l'on a fait une affaire de parti d'un avertissement du ciel si

---

(1) A ce sujet on lit, dans l'écrit de l'*Anonyme* (p. 79, note), que Martin, parlant de Louis XVIII, s'est exprimé en ces termes : « Je lui « ai particulièrement rappelé le *principal* objet de ma mission, : *de* « *rendre*.... ». L'anonyme n'a pas osé achever ; mais il dit seulement que le *mot principal* « se rapporte au secret que Martin venoit de répéter im-« médiatement au Roi. » Il est trop clair, et tout le monde peut croire, sans se tromper, que ces mots *de rendre....*, venant à l'appui du secret révélé, signifient qu'il falloit *rendre* à Louis XVII la couronne de France qui lui appartenoit.

frappant, si conforme à nos véritables et à nos plus chers intérêts, en sorte que les gens du monde n'y distingueront plus dé-
sormais qu'un complot de politique humaine ? Car où tend cette
révélation de l'existence prétendue de Louis XVII, sinon à for-
mer une association dont on n'ose pas approfondir les vues et
le but principal ? Entouré d'un parti semblable, notre villageois
a fini par prêter l'oreille à la voix trompeuse du séducteur ; et ce
même homme, auparavant si droit, si simple, si candide, ne
montre plus cette sincérité, cette bonne foi qui faisoit son propre caractère. J'en puis fournir moi-même une première preuve
dans sa conduite à mon égard. Peu après mon édition du mois
de novembre 1830, Martin *proteste qu'il n'a aucune relation
avec l'auteur,* et cela dans une lettre qui est insérée dans le journal intitulé: *L'Ami de la Religion,* au n° du 15 décembre 1830 ;
et dès le 17 du même mois, cette lettre est copiée dans la *Gazette
de France.* Qui ne croiroit, en lisant une pareille protestation,
que je suis tout-à-fait étranger à Thomas Martin ? Et cependant
durant près de deux ans, j'ai eu des relations avec lui très parti-
culières. En 1816, au milieu de l'été, je suis allé le voir à Gallardon, où son curé, qui m'a très bien reçu, m'a fait faire sa
connaissance. Au mois de janvier 1817, j'ai fait de nouveau le
voyage de Gallardon, et nous avons rendu graces à Dieu des
apparitions, dont la première lui était arrivée le 15 janvier 1816.
A cet effet, et le jour même de l'anniversaire, je me suis trans-
porté, accompagné de Martin, de M. Laperruque et de madame
Grangé, qui tenait le ménage de ce curé, sur le lieu même, au
chantier des Longs-Champs, où l'ange lui avait apparu pour la
première fois. Bien plus, depuis mon édition de 1817, j'ai reçu
Martin à Paris et lui ai donné à coucher. Je l'ai aussi présenté
à ma mère et à d'autres personnes de ma connaissance, afin
qu'ils apprissent de sa propre bouche la vérité des faits que j'a-
vois publiés, enfin, *ce qui tranche la question,* suivant le ré-
dacteur de l'*Ami de la Religion* qui m'a rendu justice, c'est que
j'ai en ma possession une lettre de Martin, toute entière de sa
main, au timbre de Gallardon, et à la date du 9 mars 1818,

dans laquelle il me remercie de quelques visites que j'ai faites à
son frère, qui étoit alors malade à Paris dans une maison de
santé. Il m'y présente encore les civilités de M. Laperruque, qui
devoit, me dit-il, travailler après Pâques à un écrit de piété que
je me proposois de lui soumettre, de même que je lui avois sou-
mis ma Relation dans l'idée que j'avois qu'on pourroit bientôt la
faire imprimer. Après tout cela, ne diroit-on pas que Martin a
pris les leçons de quelque moderne Escobar? Il n'a aucune relation avec moi, assure-t-il tout haut dans une lettre que deux
journaux ont rapportée, de peur qu'on n'en ignore, et, docile
aux instructions du savant maître qui a dicté sa lettre, il s'est
dit tout bas, ou a dû se dire, par cette espèce de réticence que
nous nommons restriction mentale : *Je n'ai avec* cet *auteur
aucune relation* AUJOURD'HUI.

Combien Martin n'est-il pas dupe lui-même de divers conseils fort étrangers au fond de sa mission, qui était si pure dans
son principe, et qui est maintenant obscurcie et voilée par les
illusions de l'esprit humain. C'est par là que tous ceux qui ne
discernent pas la bonne semence dans l'œuvre de Dieu d'avec
l'ivraie de l'homme ennemi, bercent les folles espérances de cer-
tains crédules royalistes. Mais que sans prévention on examine
de sang-froid ces nouvelles visions et révélations de Th. Martin,
et l'on n'aura pas de peine à reconnoître qu'elles portent le caractère de l'esprit de parti, à la différence des premières, où
lorsque l'ange députe au roi l'homme des champs. afin qu'usant
de son autorité il avertisse son peuple de ce qui lui étoit pres-
crit, il ne fait aucune différence entre les royalistes et les libé-
raux, par rapport au besoin que nous avons tous généralement
de faire pénitence et de nous détourner de notre mauvaise voie.
Tout au contraire dans les nouvelles visions de Thomas Martin on
ne voit que du merveilleux. Si l'on croit, Monsieur, ce que vous
en dites, il a dû arriver quelque chose d'extraordinaire à l'élection du saint père notre pape Grégoire XVI, qu'on annonce
pour être un saint personnage (page 220). Suivant l'une de vos
additions, plusieurs *faits miraculeux* ont signalé les commen-

cemens de son règne, et vous en ayez même des relations sous
les yeux. Mais ensuite malheureusement, vous ajoutez (pages
220 et 221 de votre écrit) que, par ménagement pour les pré-
ventions peut-être encore trop fortes de vos lecteurs, vous les
passerez sous silence. D'autres documens à peu près semblables
ont été fournis à mon libraire par une voie très sûre (M. le curé
de T.), et ils ne méritoient nullement le reproche d'inexactitude, ni celui d'avoir *parlé par ouï-dire*, et d'avoir *très mal*
ouï, si on ne m'a pas *très mal dit la chose*. Car ces mêmes documens renferment en abrégé la plus grande partie de ce que
porte votre relation sur les prodiges surprenans qui ont, à en
croire Martin, rendu remarquable l'élection du nouveau pape,
sous lequel la religion doit refleurir. Mais avec tant de discrétion,
pour ne pas dire après cette défaite dont il vous plaît, Monsieur,
de nous payer pour ne pas produire au grand jour et ces mira-
cles et ces prodiges, n'a-t-on pas droit de vous répondre qu'on
en peut supposer ainsi autant que l'on voudra, sans jamais con-
vaincre un homme de bon sens ?

Que ne nous offrez-vous, Monsieur, *des faits miraculeux*
constatés par de grandes et de nombreuses épreuves, telles que
les examens sévères par lesquels Martin a passé en 1816, devant son curé, devant son évêque, devant son préfet, devant la
police et les plus retors de ses employés, devant M. Decazes
lui-même, alors ministre de la police, et que sembloient vexer
les révélations de Martin ; devant le médecin Pinel qui ne
croyoit guère aux esprits, et devant son confrère Royer-Collard, médecin chrétien, mais en même temps habile et expéri-
menté dans la connoissance des aliénés. Je lui ai cette obligation
qu'il me confia, en 1816, son rapport sur Martin, signé de lui
et de M. Pinel lorsqu'il l'eut rédigé, et avant même de l'avoir
remis au ministre. Il étoit convaincu qu'il y avoit du surnaturel
dans l'œuvre de notre villageois, n'ayant jamais trouvé, malgré
sa longue expérience, aucun fou de qui les discours fussent cons-
tamment aussi bien liés, aussi bien suivis, aussi bien dirigés
vers le même et unique but sans aucun mélange étranger ; ni

rien qui ressentît l'influence d'aucun parti quelconque. On peut citer encore le témoignage que lui a rendu M. Roulhac du Maupas, qui étoit alors directeur de l'hospice des aliénés, et de qui j'ai reçu mes premiers documens sur Th. Martin. Cet homme probe et éclairé, de votre propre aveu, Monsieur, n'a pu se refuser aux preuves de la mission de notre villageois, qui ne l'a pas moins convaincu de la vérité de ce qu'il annonçoit, par sa conduite toujours égale durant les trois semaines qu'il est demeuré sous sa surveillance. J'ignore, Monsieur, pour quelle raison vous avez omis une lettre de cet honnête directeur, qui, en même temps qu'elle fait foi de sa conviction particulière, nous apprend qu'il a vu Martin dès le soir même du jour que le *bonhomme* a eu audience du roi, que la *conviction* de Louis XVIII *a été entière, et la scène arrosée de larmes.* (Relation, édit. de 1817, page 61; et page 67, édit. de 1831.) Ajoutez à ce témoignage celui du surveillant de l'hospice des aliénés, celui de quelques autres personnes de la même maison, celui par dessus tout de M. l'abbé Dulondel, que vous rapportez, Monsieur, de même que j'ai fait. C'est lui, je dois le dire, qui m'a le plus encouragé dans la publication de ma Relation, dont il a reçu de ma part tous les exemplaires en dépôt, au nombre d'environ deux mille, qu'il n'a pas tardé à répandre parmi toutes ses connaissances. Depuis, il n'a cessé de me faire part de tout ce qu'il savait et apprenait au sujet de Martin, notamment, comme j'ai dit plus haut, de ses lettres écrites à son ancien curé en 1821.

Une dernière preuve en faveur de la mission de notre villageois, est qu'ayant dès le commencement annoncé qu'il verrait le roi, quoi que l'on pût faire pour l'en détourner, il y est parvenu, et par les moyens mêmes qu'on avait pris afin de le soustraire à la société. Car, sur le bruit que fit la cause de sa réclusion dans l'hospice des aliénés, Louis XVIII, averti par l'archevêque de Reims, eut tout aussitôt envie de le voir (1), et il se le fit amener par le même M. Decazes qui l'avait fait ren-

---

(1) Je tiens de la bouche même de M. l'abbé Dulondel, qu'aussitôt

2

fermer comme un homme atteint d'aliénation mentale. Or
Louis XVIII, qui n'était pas d'un caractère à croire légèrement,
a rendu à Martin cette justice méritée, qu'il n'était ni fou, ni
aliéné, et qu'il lui avoit dit des choses qui n'étoient connues que
de Dieu et de lui. Après tant d'épreuves, tant d'examens dans
lesquels aucun homme en place, soit dans l'Église, soit dans
l'État, et notamment à la police, n'est venu à bout d'amener
Martin simple villageois à se couper, ou à être convaincu de la
moindre fausseté, de la moindre contradiction ; après des rap-
ports, des informations multipliées sur son sujet, et encore
après beaucoup d'autres preuves qui sont détaillées dans la
Relation (édit. de 1817, pages 82, 85, 86, et dans l'édit. de
1831, pages 92, 96 et 97), on a pu, on a dû ajouter une foi
raisonnable à sa mission en 1816. Mais sans un concours de
preuves aussi fortes, les nouvelles annonces de Martin et les prodiges qu'on allègue à l'appui ne méritent pas que l'on s'y arrête ;
car, en fait de signes miraculeux, il nous faut des témoins qui
ne soient pas suspects, non plus que l'ont été, de votre aveu
même, Monsieur, les premiers examinateurs de Th. Martin ; il
nous en faut même un nombre imposant, ou du moins il nous
faut, avec quelques témoins, une réunion d'examens et de circonstances bien dûment constatés.

C'est à la vue de preuves semblables que j'ai, Monsieur, ajouté
foi au miracle de la croix qui est apparue au bourg de Migné,
près Poitiers, le 17 décembre 1826. Ce miracle se trouve attesté par une multitude de témoins intègres, irrécusables, parmi
lesquels plusieurs pouvoient bien être enclins aux doutes de
l'incrédulité. Aussi Mgr l'évêque de Poitiers ne l'a-t-il publié par
un mandement authentique du 28 novembre 1827, que sur le
témoignage d'un grand nombre de personnes présentes, notam-

---

que l'archevêque de Reims eut parlé au Roi de Th. Martin, Louis XVIII
lui dit : *Je veux le voir.* C'est bien là qu'il paroît, comme nous dit l'Écri-
ture, que le cœur du Roi est dans la main de Dieu, qui l'incline comme
il le veut, *Cor regis in manu Domini, quocumque voluerit inclinabit illud.*
Prov. 21—4.

ment du curé et du maire de Migné, de quelques officiers de la gendarmerie, de plusieurs ecclésiastiques élevés en grade, et de beaucoup d'autres assistans de divers états et conditions, qui tous, comme témoins oculaires, ont attesté le fait à la commission que Mgr l'évêque a nommée pour en informer et lui en faire son rapport. De plus, cette apparition arrivant à Migné, à l'occasion d'un Jubilé, institution en soi bien respectable, ne pouvoit avoir pour but *principal* qu'un avertissement du Ciel pour la consolation des justes, la conversion des pécheurs et l'effroi des impénitens; elle a dû aussi présager, ainsi que la mission de Th. Martin, les malheurs dont la France se trouve menacée pour tous les crimes de la révolution, si elle s'endurcit dans l'impénitence, comme il est arrivé à quelques États à la suite de diverses apparitions de croix. Que nos incrédules, nos faux sages, appuyés de leurs journaux, et suivis de la foule des insoucians, fassent de ces signes tout miraculeux le sujet de leur dérision; le chrétien attentif, qu'un sévère examen a convaincu jusqu'au fond du cœur que le doigt de Dieu s'est montré pour réveiller la France de son mortel assoupissement, ne voit dans ces avertissemens du ciel qu'un sujet, qu'un devoir de se frapper la poitrine, d'abaisser sa tête dans la poussière, et de crier grace et miséricorde.

Je crois avoir suffisamment réfuté les erreurs, et j'ose même dire, Monsieur l'anonyme, les impostures (1) de votre écrit. Il me reste à vous représenter combien est déplacée, à l'occasion des faits qui concernent Th. Martin, cette accusation vague de Jansénisme, à l'appui de laquelle vous citez une lettre de M. Laperruque, qu'on étoit parvenu à indisposer contre moi au bout

---

(1) On ne doit pas trouver trop dur ou même exagéré ce reproche d'imposture, quand on sait avec quelle force de preuves et de logique M. de Saint-Gervais, dans ses *Preuves authentiques* de la mort de Louis XVII, et encore tout nouvellement M. Eckard, dans *Un dernier mot sur Louis XVII*, ont réfuté cette misérable fable de l'existence de Louis XVII, qui ne peut trouver de croyance que dans des têtes subjuguées par des guides aveugles ou de mauvaise foi. *Cœci et duces cœcorum.*

d'environ deux années ; car auparavant, et durant le cours de
1817, après que j'eus publié ma relation, dont je lui envoyai
deux exemplaires pour lui et pour Martin, il m'avoit plusieurs
fois écrit des lettres honnêtes et amicales. Vous en citez une,
Monsieur, du 25 mai 1818, adressée par lui à une dame que
vous ne jugez pas à propos de nommer, et dans laquelle je suis
dépeint comme un sectaire, pour tout dire comme un Janséniste. Mais ne seroit-il pas à propos de fixer d'abord clairement
ce qu'on doit entendre par ce mot ; car là dessus, ceux de votre
parti s'accordent bien mal entre eux, et c'est ici une confusion
de langues, une espèce de tour de Babel, où l'on ne s'entend
pas mieux depuis près de deux siècles, que dans ces diverses
constitutions qu'on a vues depuis quarante ans que dure notre révolution, s'élever les unes sur les autres, et s'écrouler successivement, comme autant d'édifices ruineux qui n'avoient pour
base que l'orgueil et les vains efforts de l'esprit humain.

Venons au texte de M. Laperruque, dont vous avez cité la lettre,
page 96 de votre écrit. « Je connois bien, dit-il, M. S** pour ce
« qu'il est, c'est-à-dire pour un franc Janséniste, ennemi de l'au-
« torité du pape, avec tous les ennemis de sa secte ; je l'ai déjà
« tancé plusieurs fois, mais je ne l'ai pas converti et ne le con-
« vertirai pas. » Le bon curé avoit raison, quant à ce dernier
point ; car comment convertir un homme dont on ne veut pas
entendre la justification, ni même lire les lettres et les réponses :
c'est à quoi enfin avoient amené ce M. Laperruque, les so-
phismes de M. B**t et les conseils de M. M**y, auxquels il me
renvoya comme à ses deux oracles. Quant à moi, ne pouvant
ni ne devant laisser passer sans réclamer publiquement une lettre
aussi injurieuse qu'est celle que vous produisez, dont je ne me
serois pas douté, et que je veux bien supposer véritable, je vous
déclare, Monsieur, positivement, que M. l'abbé Laperruque s'est
abusé sur mon sujet d'une étrange manière pour ce qui est du
refus de reconnoître l'autorité du pape, dont il prétend que je
suis ennemi ; ce qu'il présente dans sa lettre comme le caractère
de ceux qu'il appelle Jansénistes.

Loin d'être *ennemi de l'autorité du pape*, je le reconnois, comme tout bon catholique, pour le chef visible de l'Eglise, en sa qualité de successeur de saint Pierre, et je professe qu'en cette même qualité, il tient de J. C., par conséquent de droit divin, la primauté d'honneur et de juridiction dans le gouvernement de l'Eglise, suivant les règles prescrites par ses canons. A ce titre, et selon ces règles qu'il doit maintenir le premier, conformément aux droits du Saint-Siège qu'il occupe, nous lui devons tous, je vous le déclare, Monsieur, une véritable obéissance. Enfin, je regarde le siège de saint Pierre, occupé aujourd'hui par votre saint Père Grégoire XVI, comme le centre de l'unité catholique, hors de laquelle il n'y a point de salut. Telle est, Monsieur, ma profession de foi contre l'imputation de la lettre que vous produisez de M. Laperruque. N'est-il pas bien juste, maintenant, que vous reveniez sur une accusation qui doit passer parmi les vôtres pour une grosse injure; car aux yeux de beaucoup d'entre eux, c'est peu de chose que de dire simplement d'un homme qu'il est hérétique, si l'on n'ajoute pas, comme fait en plaisantant Boileau le satyrique, qu'il est *Janséniste, qui pis est.*

Est-ce donc là, Monsieur, toute ma récompense pour le plagiat que vous avez fait de ma Relation, qui occupe la première partie, et je puis dire la plus essentielle, la plus intéressante de tout votre écrit? Deux éditeurs bien plus honnêtes, l'un de Besançon et l'autre à Paris, m'ont au moins demandé la permission de la faire imprimer, sans y faire aucun changement, et chacun d'eux m'en a remis quelques exemplaires par reconnoissance. Un troisième, qui a tiré un grand profit d'une semblable édition, m'a parlé d'une indemnité, que je n'ai pas cru devoir accepter. Vous, Monsieur, au contraire, tout en copiant sans péril, et vous appropriant une Relation qui a failli à me faire mettre en prison, n'avez pris à tâche vis-à-vis de moi que de me décréditer par des imputations aussi fausses qu'étrangères à ce qui fait le sujet et le fond de votre écrit. Est-ce ainsi que j'en ai agi dans la Relation que j'ai publiée au sujet des évé-

nemens arrivés à Thomas Martin ? N'ai-je pas eu plutôt une attention particulière pour n'y rien insérer qui pût se ressentir de
mon éloignement légitime pour le molinisme et le jésuitisme ? Et
cependant quel champ m'étoit ouvert, si j'avois, de mon côté,
voulu faire une digression contre la secte jésuitique, secte bien
autrement dangereuse et pour l'Église et pour l'État, que celle
que vous réalisez sous le nom de secte janséniste ? Mais j'ai senti
que dans une Relation uniquement destinée à instruire le public
de la mission donnée à un simple villageois par un être d'un
ordre supérieur à la nature humaine, il ne convenoit pas de rien
mêler qu'on pût dire étranger à ce qui en fait le véritable sujet.
J'aurois tout gâté, si j'eusse fourni le moindre prétexte à la ma-
lignité, pour dire qu'il y avoit là quelque intrigue de parti. C'est
pourtant, Monsieur, à quoi aboutissent vos tentatives et celles
de vos amis, pour faire plier à leurs vains systèmes l'œuvre du
Seigneur dans un simple villageois. Oh ! que leurs vœux et leurs
projets s'accordent mal avec le but et l'objet principal de la mission de Thomas Martin ! et parmi eux combien peu sont touchés
comme ils devroient l'être du dépérissement général de la foi et
des maux de l'Église, dont ils sont loin de se faire une idée !

Il en est d'autres qui se décorent du nom de légitimistes et qui,
trop faiblement touchés des scandales et de l'impiété qu'a pro-
duits le libéralisme, ne songent point que la justice divine menace
plus que jamais de s'apesantir sur la France. Dans ces jours même
où sous nos propres yeux l'un de ces terribles fléaux, annoncés
par l'homme de la Beauce se fait sentir si vivement, ils se flat-
tent que bientôt viendront pour eux des jours prospères, et que
l'excès des maux amenant le remède, on ne sauroit tarder à voir
le rétablissement de toutes choses. Hélas ! ils ne se doutent point
qu'avant tout rien n'est plus urgent que de fléchir et d'apaiser
cette justice suprême que ne cessent de provoquer le déborde-
ment général des mœurs et de l'irréligion.

D'une autre part, à ne raisonner même qu'humainement et
selon les vues de la plus saine politique, comment ne pas reconnoître que Charles X n'a perdu sa couronne qu'en suivant l'im-

pulsion d'un conseil secret et tout jésuitique, jusque dans ces derniers momens qui furent si décisifs après les fameuses ordonnances ? Eh ! n'a-t-il pas été déchu du trône de ses pères de même et par la même cause que l'a été Jacques II, roi d'Angleterre, qui ne voyoit et ne vouloit voir que par les yeux du jésuite Petters, l'ame de son conseil (1) ? Déplorons, il est juste, le sort de nos princes exilés pour la troisième fois, mais cessons de nous aveugler sur les vraies causes de nos maux, comparons les événemens qui se passent dans ce royaume et par suite dans toute l'Europe, avec les annonces qui ont été faites et les avis qui ont été donnés à notre propre nation en la personne de son roi Louis XVIII; et après cela nous plaindrons surtout ces hommes égarés pour qui le défenseur des droits de Louis XVII se croit lui-même une lumière, lorsqu'il leur présente un fantôme de roi, dont ils font avec lui le principal objet des avertissemens d'un envoyé du ciel.

Cependant le guide de Martin n'avoit choisi ce simple villageois et n'avoit fait de lui son instrument qu'à cette fin de nous réveiller et de nous exciter par les plus fortes menaces à revenir au Dieu de nos pères, à ce grand Dieu, ce Dieu juste et terrible dont nous avons si indignement outragé la majesté sainte, durant plus de quarante ans de révolutions, par des attentats inouis contre lui-même et contre ses saints, par un régicide qu'on ne peut se rappeler sans horreur, par un régime affreux de terreur et d'impiété, par une guerre universelle qui a porté le carnage et la désolation jusqu'au bout de l'Europe, et l'on peut dire même dans les quatre parties du monde : enfin, au mépris des avis divins, par des flots de poison qu'ont répandu,

---

(1) Jacques II, roi d'Angleterre, avoit eu pour frère Charles II, fils comme lui de Charles Ier, qui fut décapité en 1648. Rétabli sur le trône, comme nous avons vu aussi Louis XVIII, après un long exil, succéder à son frère l'infortuné Louis XVI, Charles II laissa en mourant la couronne d'Angleterre à son frère Jacques II, de même encore que Louis XVIII a laissé après lui la couronne de France à son frère Charles X. Mais ce dernier n'a su la conserver, non plus que Jacques II n'a gardé celle d'Angleterre, que ni lui ni ses descendans ne purent jamais recouvrer.

durant ces quatorze ans qu'on appelait le temps de la restaura-
tion , les livres abominables de nos faux sages , hommes sans religion et sans Dieu en ce monde , *sine Deo in hoc mundo* , qui ,
en infectant à la fois de libertinage et d'impiété nos villes, nos
campagnes, et jusqu'à nos chaumières, car il y a eu un *Voltaire
des chaumières*, ont soulevé une partie de la nation, et en ont
porté un grand nombre jusqu'à cette licence effrénée par laquelle
un peuple en fureur, tout en se disant le souverain, a renou-
velé ; en 1830 et 1831 , les scènes du vandalisme impie de 1793.
Dieu sait, dans ses conseils profonds, impénétrables, où s'ar-
rêtera la démagogie, et quelle en doit être la fin.

Comment donc voir aujourd'hui tranquillement qu'un mauvais esprit vient faire illusion, en nous offrant une pure chimère,
uniquement propre à écarter l'idée d'une pénitence publique,
devenue nécessaire et plus que jamais pour la réparation d'aussi
énormes scandales; objet capital entre tous les autres, que Dieu,
dans sa miséricorde, nous remettoit sous les yeux par la mission
d'un ange du premier ordre, objet qu'il nous a fait encore en-
visager par une croix miraculeuse, qui s'est manifestée comme
le signe du salut pour le petit reste des enfans de Dieu, dont elle
fait l'unique espérance, *crux spes unica* ; objet enfin que vient
de rappeler à nos cœurs endurcis celui qui a la clef de la mort et
de l'enfer (Apoc. I-18), par une épouvantable épidémie qui
déroute soudain tout l'art de l'homme et ses calculs, à l'instant
qu'elle fait sentir les premiers coups, les coups inévitables d'une
verge puissante et vengeresse. *Initium dolorum hæc.* Après de
pareils avertissemens, n'est-il pas déplorable que l'on ait abusé
de la bonhommie d'un villageois, pour tirer de lui un certificat
tout-à-fait discordant et allant à l'encontre de ses premières et
véritables annonces ? Dans celles-ci, le bon villageois, après
avoir averti Louis XVIII des conspirations qu'on tramoit contre
lui et sa famille, se bornoit simplement à nous rappeler nos plus
justes devoirs, avec injonction de les accomplir, sous peine de
terribles punitions. Du reste, tout se suivoit alors dans la mission de Martin, d'une manière simple et naturelle, de révéla-

tion en révélation, comme tendant au même et unique but. Peut-on dire qu'il en soit ainsi de ses nouvelles prédictions, où l'on n'insiste nullement sur le point capital, sur le devoir le plus urgent, qui est de nous faire entrer avant tout dans la voie de la pénitence, comme on n'a cessé de le dire à Martin et de le répéter dans les premières révélations ? C'est pourquoi, depuis que la politique a voulu en faire son instrument, l'homme de Gallardon, qui fixa les yeux de la France et même de l'Europe chrétienne, comme sa mission le méritoit par les preuves qu'il en a fournies, n'est plus aujourd'hui, laissé à lui-même, qu'un pauvre visionnaire, propre à nous égarer de l'unique voie du salut, de cette voie droite et la seule assurée que nous ne cessons de méconnoître, et dans laquelle un envoyé de la main du Très-Haut vouloit nous faire rentrer, pour prévenir ces grands malheurs que nous avons à craindre, et qui sont à la porte.

Laissons donc cet homme des champs, qui s'écarte si grandement de ses premières instructions, et méfions-nous surtout des promesses et des vues secrètes de cette foule d'intrigans pour qui tous les moyens sont bons, jusqu'au conte usé, rebattu du retour d'un prince royal qui n'existe ici-bas que dans leur imagination. Car, depuis plus de quarante ans, notre malheureuse révolution nous a-t-elle fait voir autre chose, soit dans l'Église, soit dans l'État, que ruine et déception pour tous ceux qui ont si long-temps attendu leur secours des efforts et de la main de l'homme. Oh ! que de gens trompés et déroutés dans leurs folles espérances, pour s'être appuyés sur le bras de chair ! Combien de fois nos constitutionnels de toute classe et de toute espèce ont vu leurs divers plans de réforme s'évanouir l'un après l'autre ! Combien encore nos émigrés, nos démocrates, nos Bonapartistes, nos royalistes et enfin nos congréganistes ont-ils eu lieu jusqu'à présent de se dire comme le prophète : « Nos yeux se sont « lassés dans l'attente d'un vain secours de la part d'un peuple ou « d'un homme qui ne pouvoient apporter le salut. » *Defecerunt oculi nostri ad auxilium vanum, dum respiceremus attenti ad gentem quæ salvare non poterat.* (Jérém. Lament. 4, 17.)

Gardons-nous bien d'une pareille erreur, et qu'avant tout, en ce moment où les maux prédits se trouvent si proches, notre but direct, notre soin principal, soit de fléchir la justice divine par les plus instantes prières. Que l'impie quitte sa mauvaise voie, et l'homme injuste ses pensées criminelles ; revenons à Dieu de tout notre cœur, afin d'obtenir de rentrer en graces avec ce premier, ce grand souverain, par la médiation du divin Rédempteur. Car voilà le roi qui nous sauvera, celui seul qui peut nous sauver, même sans l'art des hommes, de cette mer de maux où nous sommes entrés, et il n'y a point de salut dans aucun autre. *Dominus rex noster ipse salvabit nos.* Isaïas, 55, 22. *Quoniam potens est ex omnibus salvare, etiam si sine arte aliquis adeat mare*, (Sap. 14, 4.) *et non est in alio aliquo salus.* (Act. 4, 12.)

Éclaircissement au sujet d'un reproche injurieux intenté par Th. Martin.

Dans la lettre que Martin a fait insérer au journal intitulé l'*Ami de la religion*, il m'a reproché que j'avois trompé la bonne foi de M. Laperruque en faisant imprimer ma relation, malgré la promesse, a-t-il dit, que j'avois faite de ne la point publier. J'ai réclamé contre cette imputation contraire à toutes les apparences, puisqu'avant tout j'ai tenu de M. Roulhac-Dumaupas mes premiers documens sur les événemens arrivés à Th. Martin. Ensuite, soit un peu avant, soit un peu après mon premier voyage à Gallardon, j'ai su, par le rapport de M. Royer-Collard qui me l'a confié, presque tous les faits capitaux qui se trouvent dans ma relation ; et enfin, j'ai appris de M. l'abbé Dulondel diverses circonstances relatives à Th. Martin. Comment donc me serois-je lié par une promesse indéfinie de ne pas faire imprimer ce que j'ai appris de plusieurs personnes autres que M. Laperruque ? Autant qu'il m'en souvient, dans mon premier voyage à Gallardon, ce curé me communiquant ce qu'il avoit écrit sur Martin, me recommanda la discrétion, parce qu'il ne croyoit pas qu'il fut encore temps de rien publier ; et alors, sans me lier pour un temps avenir plus propice, je serai entré dans ses vues, ce qu'il aura pu prendre dans la suite pour une promesse formelle et à perpétuité. Mais je me rappelle encore que dans mon second voyage à Gallardon, persuadé qu'il n'y avoit plus lieu de tarder davantage, je pris un soin particulier d'éviter toute promesse et engagement vis-à-vis M. Laperruque, et je revins en me félicitant de ce qu'il ne m'avoit rien demandé de semblable. Voilà toute l'explication que je crois devoir donner à ma réclamation au sujet de l'imputation que Th. Martin a fait insérer contre moi dans le journal de l'*Ami de la religion*, au numéro daté du 15 décembre 1830.

Addition aux preuves que Martin a données de la vérité
de ses premières annonces.

Un des traits les plus remarquables dans l'ordre que l'envoyé du ciel signifie à Martin d'aller *trouver le Roi* , et ce trait caractérise singulièrement un ange de lumière qui n'appréhende point le grand jour, est la permission qui est donnée à Louis XVIII d'admettre à l'audience qu'il ne manquera pas d'accorder au bon villageois, son frère et ses deux fils, savoir : Monsieur, qui fut depuis Charles X; le duc d'Angoulême et le duc de Berry (1). Sur ce point, l'on peut demander si jamais un être quelconque qui aurait conçu le projet d'induire le Roi en erreur, sous le nom d'un ange envoyé du ciel, se seroit avancé au point de proposer que le sujet de sa prétendue mission fût exposé en la présence de trois témoins autres que Louis XVIII, et de trois témoins si intéressés dans ses prédictions. Qu'on se représente ces trois témoins, fixant leurs regards alternativement sur le Roi et sur l'homme des champs, observant l'impression que les discours de celui-ci devoient faire sur le monarque, et en déduisant toutes les conséquences. Qu'on nous dise ensuite s'il est croyable qu'un imposteur se fût hasardé à subir une pareille épreuve. Il est donc constant que l'ange de Martin ne craignoit nullement l'examen le plus attentif, le plus rigoureux ; d'où l'on doit conclure que cet ange, bien différent d'un ange de ténèbres, ne présentoit que la lumière de la justice et de la vérité ; outre que sa mission se bornoit à prescrire que l'on se souvînt de sanctifier le jour du Seigneur, qu'on réprimât des désordres scandaleux, et que le peuple fût enfin excité généralement à la pénitence. Or, ces trois points n'offrent certainement rien qui ressente l'erreur ou l'esprit de secte.

Ce qu'on peut regretter seulement, est que Louis XVIII,

_____

(1) Voyez page 9 de la *Relation*, édition de 1817, et encore le *Rapport de M. Royer-Collard*, le médecin, qui s'accorde si bien avec cette *Relation*.

profitant de la permission que l'ange lui donnoit, n'ait pas appelé à l'audience où il a reçu Thomas Martin, le prince son frère et ses deux fils. Quels nouveaux traits de lumière nous eussent fourni les trois illustres témoins, et combien de détails très intéressans n'auroit-on pas recueillis de leur bouche sur le sujet d'un entretien qui n'a duré guère moins d'une heure, tandis que Martin, n'étant plus sous la motion de l'Esprit céleste, a renfermé dans une *Relation* de 8 à 10 pages, les seuls souvenirs qui lui sont restés de son entretien avec Louis XVIII !

Ajouté à l'observation précédente, que dans d'autres apparitions, le même ange provoque également, tantôt l'examen du conseil ecclésiastique résidant à Chartres, relation de 1818, (page 18), et tantôt celui des docteurs en théologie (page 40); ajouté qu'il soumet encore l'homme des champs, qu'il choisit pour son interprète, à l'examen particulier, dans l'ordre politique, du préfet du département et du ministre de la police ; et dans l'ordre physique, à celui des gens de l'art les plus capables d'apprécier l'organisation du bon villageois, que l'on a trouvé tel qu'il le disoit, exempt de toute infirmité, et même de tout égarement d'imagination (pages 27 et 32). De plus, l'ange avertit Martin des informations que l'on va prendre sur son sujet (page 54) : et enfin, il propose qu'on le fasse visiter par les *docteurs les plus savans,* et qu'alors ils ne pourront trouver en lui aucune maladie (p. 47). Est-ce ainsi que vient se présenter un homme qui veut faire illusion ?

A PIHAN DELAFOREST,

IMPRIMEUR DE LA COUR DE CASSATION,

rue des Noyers, n° 37.

www.ingramcontent.com/pod-product-compliance
Lightning Source LLC
Chambersburg PA
CBHW060513200326
41520CB00017B/5026